Tantra Massage

Ein sinnlicher Genuss für Körper und Geist

Anne Klein

Tantra Massage: Ein sinnlicher Genuss für Körper und Geist

Für Fragen und Anregungen:
m.books@gmx.at
Auflage 2019

INHALT

Das erwartet dich in diesem Buch

Eine klassische Massage haben wohl die meisten schon einmal im Laufe ihres Lebens genossen, sei sie privater oder professioneller Natur, entspannender oder medizinischer Art gewesen. Eine Tantra Massage dürften jedoch die wenigsten bereits zu ihrem Erfahrungsschatz zählen, zu sehr ranken sich um diese sinnliche Technik esoterische Mythen oder plumpe, sexistische Vorurteile. Es kursieren vage Vorstellungen einer erotischen Intim-Massage in Räucherstäbchenatmosphäre mit Happy Ending, oder man assoziiert damit Seminare, in denen sich Anhänger zu Zwecken des Kamasutra vereinigen. Wie bei den meisten Gerüchten steckt hierbei vielleicht ein Körnchen Wahrheit darin und doch verfehlt es die dahinterstehende und praktizierte Philosophie und Realität bei Weitem.

Dieses Buch soll mit falschen Vorstellungen aufräumen und dir ein Bewusstsein und unverfälschtes Bild von der „Königsdisziplin" unter den Massagen vermitteln, in der eine Vielzahl verschiedenster Techniken und Körperenergiemodelle zusammenfließen. In den folgenden Kapiteln tauchst du ein in das inspirierende Weltbild sowie die Ursprünge und Traditionen des Tantra im alten Indien und erhältst einen Eindruck von der Unmöglichkeit einer einheitlichen Definition des Begriffs ob der verzweigten Entwicklung äußerst heterogener Schulen innerhalb der Tantra bei gleichzeitiger Wahrung gewisser gemeinsam geteilter Grundannahmen und Imaginationen. Auch erfährst du, wie die südostasiatische Tradition ihren Weg in die westliche Welt gefunden hat, wie sie dort rezipiert wurde, welche Wandlungen und Neuinterpretationen sie durchlebte und wie sie schließlich zum im Abendland praktizierten Neo-Tantra wurde.

Dieses Wissen ermöglicht es dir, ein Verständnis für die Hintergründe der Tantra Massage zu entwickeln, um die mit ihr verbundenen Ziele, die in ihr angewandten Techniken und Rituale zu begreifen und entsprechend einordnen zu können. Du wirst sehen, dass es dabei um mehr geht als um Erotik, Sex und Co. und dennoch oder vielleicht gerade deswegen eine große Neugier verspüren, diese einmal am eigenen Leib zu erfahren. Wie und wo du eine Tantra Massage erleben kannst, auf was du dabei achten solltest und was dich dabei erwartet, wirst du ebenfalls in diesem Buch erfahren. Und nun erweitere deinen Horizont und lass dich entführen in die sinnliche Erfahrungswelt des Tantra.

ANNE KLEIN

Tantra: eine traditionsreiche Philosophie & Praxis

DAS WELTBILD UND DIE URSPRÜNGE DES TANTRA, VON DER UNMÖGLICHKEIT EINER EINHEITLICHEN DEFINITION

Nicht wenige haben versucht, Tantra zu definieren. Aber zumeist ist es beim bemühten Versuch geblieben, zu vielfältig sind die Bedeutungen und Assoziationen, zu heterogen und teilweise widerstrebend sind die unter dem Sanskritbegriff gefassten Strömungen, zu oft erfuhr er im Laufe seiner lebhaften Historie Wandlungen und Neuinterpretationen. Tantra setzt sich auf linguistischer Ebene aus „Tan", was sich mit „ausdehnen“ übersetzen lässt, und „Trayate“, was so viel bedeutet wie „befreien“, zusammen. Genauso gut kann es auch als „Kontinuität“ oder „Zusammenhang“ in Begriffe gefasst werden. Beides vermittelt bereits einen vagen Eindruck von der grundlegenden Überzeugung und Zielvorstellung, die dem Tantra zugrunde liegt: eine Auffassung, wonach der Mensch Teil eines großen Ganzen ist; in einer Welt, die sich nicht in profan und heilig trennen lässt; auf einer Reise zu diesseitiger Erleuchtung und Vervollkommnung durch Erkenntnis des Seins anstelle einer Überwindung des Körpers.

Tantra selbst ist keine Religion, hat sich aber wesentlich innerhalb der indischen Religionen des Buddhismus und Hinduismus entwickelt. Du kannst es dir vielleicht als spirituellen Pfad vorstellen, der aber nicht bei einer bloßen philosophischen Konzeption Halt gemacht hat, obgleich eine Vielzahl an theoretischen Schriften und Texten zum reichen Erbe der frühen Tradition zählt. Viel bedeutender als die Lehre ist das Leben nach einer systematischen und experimentellen Methode, die man getrost als radikale Praxis bezeichnen kann. Angestrebt wird eine Erweiterung des Bewusstseins, um letzten Endes das menschliche Potential vollkommen zu entfalten, ihn zu erleuchten und befreien. Die Vollkommenheit besteht in der Erkenntnis, dass alles eins ist. Es existiert kein Dualismus von Gut und Böse, Heiligem und Sündhaftem, Spiritualität und Sexualität, Körper und Geist. Es geht um die bewusste, wache, klare Wahrnehmung eines Moments mit allen Sinnen, wobei alle Anspannung, Urteile und Meinungen zurücktreten, ja gar verschwinden. Tantra lässt sich also als spezielle Lebenseinstellung und -führung begreifen, in der die religiös-philosophische Idee des Non-Dualismus von der experimentell-radikalen Praxis dominiert wird.

DIE ENTWICKLUNG DES TANTRA: HETEROGENITÄT GEMEINSAMKEITEN

Tantra, begriffen als Kultfamilie aus unterschiedlichen Erkenntnislehren und Praktiken, hat seine Ursprünge in den frühgeschichtlichen matriarchalen Kulturen Indiens und war darüber hinaus äußerst einflussreich in der Herausbildung der religiösen Kulturen des gesamtes südostasiatischen Raums. Im Tantrismus fließen die magischen Vorstellungen der zahllosen Ethnien des indischen Subkontinents ein, deren Rückverfolgung bis in die vedische Zeit, sprich bis ca. 1.500 v. Chr. möglich ist. Er diente zuvorderst der Erleichterung des Lebens, der Beeinflussung des Wetters und der Hilfe bei Geburt und Krieg. Eine bedeutsame Kategorisierung lässt sich zwischen den buddhistischen und den hinduistischen Tantras treffen, die zwischen 500 und 1.000 n. Chr. zeitgleich auftraten, um sich zunächst gegenseitig zu beeinflussen, zu konsolidieren und dann schließlich unabhängig voneinander weiterzuentwickeln. Die Zeit der Hochblüte erlebte der Tantrismus zwischen 800 und 1.200 n. Chr., dann setzte ein Prozess des allmählichen Verschwindens ein.

Zu den Hauptelementen zählt die Darstellung geistiger Prinzipien mittels sexueller Symboliken in der Annahme, dass sich das Universum aus aktiven und passiven Elementen zusammensetzt, wobei das Männliche, also die Shiva, und das Weibliche, die Shakti, sich vereinigen. Ihm zugrunde liegt ein System feinstofflicher Energiezentren, die sogenannten Chakras, und ebensolcher Energiekanäle, die Nadis. Der Tantrismus arbeitet sehr stark mit geometrischen Symbolen wie Mandalas und Yantras sowie heiligen Worten (Mantras) und Gesten (Mudras). Es fließen magische Vorstellungen ein und die Verehrung der weiblichen Göttin, symbolisiert durch die Shakti, war für viele Schulen der Strömungen zentral.

Doch musst du dir bewusst sein: Es gab und gibt nicht das eine Tantra. Öffentliche Kulte mit blutigen Opferzeremonien koexistierten neben mystisch-spirituellen Schulen und sexuell-transzendenten Praktiken. Von Anfang an sog Tantra die verschiedensten Einflüsse aus Kulten aus ganz Asien mit einer unüberschaubaren Fülle an Göttern auf und erfuhr vielfältigste Interpretationen, regionale und lokale Abwandlungen und immer wieder auch Reformen. Daraus resultierte eine Vielzahl an Schulen im asiatischen Raum, die von einer ethischen Lebensführung über theoretisch-spekulative Lebensdeutungen zu kultisch-praktischen oder magisch-okkulten Zeremonien reichten. Auf Basis verschiedenster Praktiken, die von Bildern und Visionalisierungen über Atemübungen und meditativen Wortklängen, Körperstellungen, Gesten und Reinigungspraktiken hin zu Essens- und Trinkanweisungen oder gar religiösen und sozialen Vorschriften reichten, strebte man Ziele unterschiedlichster Art an. Das konnte das Erlangen von Flugkünsten genauso sein wie die Instrumentalisierung von Dämonen für eigene Zwecke, die eigene Vervollkommnung, die Erkenntnis kosmischer Zusammenhänge oder das Erreichen göttlicher Bewusstseinszustände bzw. mystischer Erfahrungen.

Einige Richtungen des Tantra legten ihren Fokus auch auf sexuelle Praktiken, wobei diesbezügliche Zeremonien der Hervorbringung und des Austauschs von Körperflüssigkeiten sowie der Opferung derselben dienten. Zunächst verfolgten sie damit Zwecke reiner Macht, stellte sich der Sexualakt doch als Mittel zur Gewinnung eines magischen Stoffs dar. Erst später begriff man ihn als Instrument der Erleuchtung. Im Mittelalter dann erfuhr es eine Reformierung, die die Praktiken ästhetisierten, erweiterten und umgestalteten, alles in allem gottesbewusster machten.

Wie bereits erwähnt fand zwischen den verschiedenen Strömungen des Tantrismus ein intensiver Austausch statt. Hinduistische und buddhistische Traditionen aus Tibet, Nepal, Bhutan und Pakistan, weiterhin aus Birma, Korea, Kambodscha wie auch aus Indonesien, China, Japan und der Mongolei brachten alle ihre jeweiligen Auffassungen und Rituale ein und gaben den Schulen damit ihren je eigenen Charakter bzw. eine einzigartige Stoßrichtung. Eine Gemeinsamkeit lag wenn überhaupt in der Befreiung von Macht im Sinne einer Kontrolle über die Kräfte, Mächte und Energien, die den Körper, die soziale Ordnung, ja das Universum durchzogen. Auch kam dem Lehrer-Schüler-Verhältnis eine übergeordnete Bedeutung zu, welches die Nachfolge und Tradierung der Praktiken sicherte.

Immer wieder kam es jedoch auch zur gewaltsamen Überlagerung durch fremde Kulturen, verbunden mit einer ideologischen Überformung, Verachtung und Verboten gewisser tantrischer Rituale. Religiöse Modernisierer verdrängten schwarzmagische Praktiken, definierten aus ihrer Sicht anstößige Elemente um und überformten Bestehendes durch vermeintlich höherwertige Methoden oder Zielformulierungen. Im 19. Jahrhundert brachten schließlich Missionare, Ethnologen, Handelsreisende und Kolonialisten fragmentartige Elemente der tantrischen Traditionen in den Westen. Perzipiert durch die christliche Brille wurden diese jedoch gefährlich missverstanden. Reißerische, eindimensionale Berichte über okkulte, perverse Praktiken prägten beim schockierten westlichen Publikum das Bild des Tantra als primitiver Alltag einer rückständigen ethnischen Gruppe. Von schwarzer Magie war die Rede, nicht selten vermengte sich Tantra in den Vorstellungen mit dem erst frisch übersetzten Lehrwerk des Kamasutra. Dem britischen Orientalisten Sir John Woodroffe war es zu verdanken, dass vollkommen fehlgeleitete Vorstellungen allmählich schwanden und durch seine Lehre und Schriften in ein ehrwürdiges Licht gerückt wurden.

Zusammenfassend lässt sich demnach sagen, dass Tantra weder eine reine Liebespraxis oder Abfolge wie auch immer gearteter Rituale ist. Weder existiert eine allgemeingültige theoretische Grundlage noch ein geistiger Führer. Löst man sich von all den religiösen und ideologischen Überlagerungen, so bleibt ein Verständnis von Tantra als Erkenntnis, dass das Universum nicht-dualistisch ist, dass Gut und Böse, Schöpfung und Zerstörung, Eros und Religion, Sexualität und Gebet, männlich und weiblich alle eins sind.

ANNE KLEIN

SÜDOSTASIATISCHE TRADITION TRIFFT AUF WESTLICHE MODERNE, NEUINTERPRETATIONEN IM NEO-TANTRA

Die im Tantra verankerte Verbindung aus Spiritualität und Sexualität war das wesentliche Element der tantrischen Praxis, die die Beobachter und Interessenten im Westen faszinierte und zur näheren Beschäftigung mit der fernöstlichen Tradition verleitete. Im Gegensatz zum eher körperfeindlichen Christentum erschien ihnen das körperbejahende und weltzugewandte Tantra einer näheren Beschäftigung Wert. Die christliche Predigt einer notwendigen Überwindung des Körpers zur Vervollkommnung kontrastierte eben mit der tantrischen Überzeugung, der menschliche Körper sei per se kostbar und ehrenwert. Tantra wurde zum Synonym für rituelle Erotik, heilige Sexualität oder spirituell gerichtete Praktiken.

Bhagwan Shree Rajneesh - oder Osho, wie er sich später nannte - prägte schließlich den Begriff des Neo-Tantra. Der extrem einflussreiche und zugleich sehr umstrittene indische Philosoph machte Tantra in den 1980er Jahren für den westlichen Menschen begreifbar. Im Rahmen seiner weltweiten Lehrreisen propagierte er die Verbindung von Spiritualität und Körperlichkeit,

Meditation solle die sexuelle Energie des Beckenbereichs erwecken und freisetzen. Er erzielte damit eine nie zuvor gesehene Breitenwirkung, sodass sich guten Gewissens sagen lässt, dass beinahe alle ernstzunehmenden, auch die sich widersprechenden, Tantra-Schulen im Westen auf Oshos Rezeption der tantrischen Philosophie und Praxis zurückzuführen sind.

Wie du gesehen hast, erfuhr der Tantrismus in seiner Historie viele Einflüsse, Wendungen, Modifikationen und Veränderungen. So blieb er seiner Tradition treu und absorbierte im Neo-Tantra weitere Elemente aus Theorien und Methoden angrenzender Sphären. Unter anderem fanden die sexual- und psychotherapeutischen Lehren von Wilhelm Reich, Freuds Theorien zu sexuellen Fixierungen und Blockaden, wie auch die meditativen Ideen des Yoga und der Körpertherapie Eingang in das Neo-Tantra. Bemerkenswerterweise wurde das westliche Tantra dann wiederum in der indischen Kultur rezipiert, erfuhr dort Veränderungen und gelangte in veränderter Gestalt erneut zurück nach Europa und in die Vereinigten Staaten.

Neo-Tantra speist sich also aus den fernöstlichen Traditionen des originären Tantra und verschmelzt diese mit hiesigen Ansätzen der Selbsterfahrung durch Energiearbeit, Psychologie und Körpertherapie. Will man Tantra im Vergleich, beziehungsweise in Abgrenzung, zum Neo-Tantra im Hinblick auf die Rolle der Sexualität charakterisieren, so liegt bei Ersterem eher eine

Sexualisierung des Ritus vor, während Letzterer eine Ritualisierung des Sexes vornimmt.

ESOTERIK TRIFFT EROTIK: DIE TANTRA-MASSAGE

In Relation zur Jahrtausende alten Geschichte des Tantra ist die Tantra Massage ein sehr junges Phänomen, dessen Entstehung Hand in Hand mit der Herausbildung des Neo-Tantra als westlicher Form der tantrischen Tradition geht. Sie entstand in den späten 1970ern, beziehungsweise dann noch einmal deutlich verstärkt in den 90er Jahren, in den Tantra-Schulen des Neo-Tantra, die oftmals von Schülern Oshos geleitet wurden. In den Vereinigten Staaten waren Joseph Kramer und Annie Sprinkle Vorreiter der Tantra Massage, in Deutschland leisteten Magot Anhand und Andreas „Andro“ Rothe wesentliche Pionierarbeit. Auch sie erfuhr durch ihre Rezeption, Anwendung und Weitergabe in Massage-Instituten und -Ausbildungen im Zeitverlauf immer wieder Veränderungen und entwickelt sich heute genauso stetig weiter.

Dabei sieht sich die Tantra Massage nicht selten mit dem Vorwurf konfrontiert, sich fremde Wurzeln zu eigen zu machen, beziehungsweise das „wahre Tantra“ - was auch immer darunter gefasst wird - zu verflachen sowie zu kommerzialisieren. Dem entgegen steht jedoch die Tatsache, dass die Verbreitung und Erhaltung aller westlichen Tantra-Schulen nur in Form bezahlter Dienstleistungen, z.B. durch Seminare, möglich war.

Seriöse Tantra Massagen sind demnach ebenso integre Dienstleistungen mit denselben spirituellen Wurzeln und einem visionären Hintergrund. Zudem hatte Tantra seine Basis seit jeher beim Volk, welches nur durch die vielfachen Versuche der Vereinnahmung, Verfolgung, Verachtung und Überformung nicht immer im gewünschten Maße an dessen Praxis teilhaben konnte.

Überhaupt weist die Tantra Massage viele Anknüpfungspunkte und Entlehnungen aus den Traditionen des Tantra auf. Darunter lässt sich beispielhaft die Ritualisierung der Handlungen fassen: An die Stelle persönlicher Vorlieben tritt eine fixe Struktur des Ablaufs, was eine Objektivierung des Geschehens bedeutet und die Massage damit von egoistischen Motiven entkoppelt. Der Mensch wird allein durch sein Sein als göttlich verehrt, der Körper zeremoniell gefeiert. Es geht darum, den Menschen als Ganzes zu berühren - im wahrsten Sinne des Wortes. Kein Körperteil wird bei der Massage ausgespart, jede (Nicht-) Konsequenz der Berührungen wird akzeptiert, gleich welcher Natur. Im Verständnis des Menschen als göttliches Wesen geht es um die transpersonale Begegnung, fernab der Alltagsperson. Das beinhaltet, Urteile hinter sich und nur Respekt und Wertschätzung in die sakralen Handlungen fließen zu lassen. Sexualität musst du als Lebenskraft begreifen, nicht mehr und nicht weniger. Die Tantra Massage soll die Sexualität von ihrer kulturellen Überformung durch und Vermengung mit anderen Themen wie Liebe, Schuld oder Scham lösen und die reinen sexuellen Energien bewegen. Sie soll das sein, was sie ursprünglich ist: sinnlich bis übersinnlich, lustvoll, natürlich. Die sexuelle Begegnung wird gewissermaßen entpersonalisiert und dadurch zu etwas Heiligem.

In Kreisen des Tantra ist oft die Rede vom roten, weißen und schwarzen Tantra. Während Letzteres die magischen Praktiken zur Manipulation von Geistern und Energien aus egoistischen Motiven zu selbstsüchtigen Zwecken meint, versteht man unter Zweiterem - auch rechter Pfad genannt - das Verbinden ohne Berührungen durch Meditation, Energiearbeit und spiritueller Verehrung. Das sogenannte Kundalini Yoga ist hierfür ein Beispiel aus der tantrischen Tradition. Die Tantra Massage hingegen ist dem roten Tantra zuzuordnen, auch bekannt als linker Pfad der Sinnlichkeit, Sexualität und Leidenschaft. Über die Zwecke der Tantra Massage im Detail, das ihr zugrunde liegende Prinzip der Chakren sowie die in und mit ihr praktizierten Techniken und Rituale erfährst du im nächsten Kapitel mehr, denn sie verdienen eine gesonderte Betrachtung.

ANNE KLEIN

Tantra Massage: mehr als Erotik, Sex & Co.

ZIELE DER TANTRA MASSAGE: ORGAS-KANN, NICHT ORGAS-MUSS

Wer sich auf eine Tantra Massage einlässt und seine Hoffnung und Erwartung einzig auf das Erleben des Höhepunkts sexueller Erregung, den Orgasmus, setzt, kann leicht enttäuscht werden. Sexuelle Stimulation ist gewiss ein Teil von ihr, aber eine Tantra Massage ist weit mehr als das. Dessen musst du dir bewusst sein, um nicht mit falschen Vorannahmen hin- und unbefriedigt wieder herauszugehen. Ausgestattet mit dem Hintergrundwissen über die Ursprünge des Tantrismus und einem Verständnis der ihm zugrundeliegenden, treibenden

Kräfte solltest du jedoch bereits über ein ausreichendes Bewusstsein über das zu Erwartende haben. Und natürlich solltest du dich auf den esoterischen Gedanken einlassen können und dich diesem nicht vorab verschließen.

Denn genau dann wirst du das erleben, was die Tantra Massage bewirken will: nicht primär Lust erzeugen, sondern die Sinneswelt des Massierten erweitern; ihn spüren lassen, was in ihm vorgeht und ihn mehr über seinen eigenen Körper lehren. Du wirst am eigenen Leib erfahren, welche Form der Berührung bei dir selbst für Empfindungen sorgt, die vielleicht nie zuvor dagewesen sind. In diesem Prozess wirst du typische Reaktionsketten durchbrechen. Es geht nicht um gespielte, vorgetäuschte, erzwungene „Lust", sondern darum, dich emotional wirklich berühren zu lassen. Du wirst vollkommen wertfrei, achtsam und respektvoll berührt, absichtslos verwöhnt und als Mensch wertgeschätzt. Wie bei der klassischen Massage werden Verspannungen und Blockaden gelöst, darüber hinaus wird aber die Einheit von Körper und Geist zelebriert und zu neuen Sinneswahrnehmungen verholfen.

Die Tantra Massage beansprucht für sich eben auch eine therapeutische Wirkung, die sich nicht alleine auf den Massierten selbst, sondern gleichermaßen auf die Partnerschaft erstrecken kann. Es geht darum, sexuelle Hemmungen und Blockaden zu beseitigen, den Egozentrismus zu überwinden, subtile körperliche Erfahrungen und Momente tiefer Sinnlichkeit zu erleben und verborgene energetische Prozesse im Körper hervorzurufen, die die sexuelle Lust steigern und bereichern. Entgegen der gewohnten, zielgerichteten, zumeist auf den Intimbereich beschränkten Stimulation, wird bei einer Tantra Massage die Lust in dir langsam, stetig, ganzkörperlich aufgebaut. Diese Lust ist aber nicht ein rein körperliches Empfinden, sondern geht eine Ebene tiefer und hängt mit dem Energiefluss und den geistigen Empfindungen zusammen. Sie geht über das normale Bewusstsein hinaus und steigert sich bis zu dem Maß, an dem der Massierte sich vollkommen fallen und von nichts mehr ablenken lässt. Der Körper wird erfasst von sich von Kopf bis Fuß ausbreitenden, stetig stärker werdenden Wellen berauschender Lust, die den Geist von alltäglichen Sorgen, Stress, Druck und Erwartungen befreien. Ein ekstatischer Moment, der erfüllt wird von vollkommenem Glück.

Menschen, die eine Tantra Massage bereits erleben durften, gaben auf die Frage nach den mit der Massage verbundenen Empfindungen an, dass sie niemals zuvor so einfühlsam berührt wurden. Einige berichten von einer nachhaltig gewandelten Einstellung zu ihrem eigenen Körper und der Sexualität als solcher. Du hast die Chance, frei von fremder Kontrolle, Druck und den Erwartungen anderer deinem neuen Selbst zu begegnen. Bewusst oder unbewusst aufrechterhaltene Grenzen verschwimmen, das Gefühl für Zeit schwindet in dem Erleben vollkommener

Lust. Berührungen voller Hingabe ohne jegliche selbstsüchtige Absicht und Zwang der Erwiderung führen dich zu neuen, geschärften Sinneswahrnehmungen. Dein altes Verständnis von Intimität begibt sich in einen Prozess der Wandlung dank eines tieferen Verständnisses für dich selbst.

Es gibt nicht das eine, typische Klientel, welches eine Tantra Massage in Anspruch nimmt. Die Geschichten und Beweggründe sind so vielfältig wie die Praxis selbst. Es können Paare oder auch nur ein Partner sein, deren Sexleben etwas eingefahren ist und die sich neue Perspektiven und Entdeckungen in Bezug auf Sexualität erhoffen. Es sind Menschen, die sich nach Spiritualität sehnen, sich geborgen fühlen möchten. Leute, die sich bewusst erleben und entwickeln möchten. Manchmal sind es auch Opfer sexuellen Missbrauchs, die einen geschützten Raum suchen, um sich von der Scham, dem Schmerz und den Schuldgefühlen zu befreien. All diese Menschen wollen auf einer anderen Ebene berührt werden, als sie es gewohnt sind, und ihr Herz öffnen. Verletzende Erfahrungen der Vergangenheit haben sich auf körperlicher wie seelischer Ebene manifestiert und schränken dadurch die Empfindsamkeit ein. In dem wertschätzenden Rahmen des tantrischen Rituals können diese behutsam erinnert und abgestreift werden. Die ganze Bandbreite an Emotionen wird bedient, nicht selten fließen Tränen.

Es existiert sogar eine Art tantrische Sexualtherapie, die sich der Behandlung sexueller Leiden und Traumatisierungen widmet und auf positive gesundheitliche Effekte und körperliche Art abzielt. Die Tantra Massage im eigentlichen Sinne ist jedoch Körperarbeit, die sich von einer Therapie dadurch abgrenzt, dass der Massierte allein verantwortlich ist für den angestoßenen Prozess. In der Behandlung geöffnete Themen sollen zum Therapeuten getragen werden. Allgemein treten in den letzten Jahren therapeutische und psychologische Ansätze merklich zurück. Was bleibt, ist ein Ritual zur Verehrung des menschlichen Körpers, deines Körpers.

EXKURS: CHAKREN UND DIE ERWECKUNG DER KUNDALINI

Ein im Tantrismus angelegtes, wesentliches Prinzip ist das Modell der Chakren. Bestimmt hast du davon in irgendeinem Zusammenhang schon einmal etwas gehört, ohne seine Ursprünge und Bedeutungen genauer zu kennen. Chakra bedeutet wörtlich übersetzt so viel wie „Rad“, „Diskus“, Kreis“ und dient als Bezeichnung für die in der tantrischen Tradition angenommenen Energiezentren zwischen dem physischen Körper und dem feinstofflichen Körper eines jeden Menschen. Der Lehre nach existieren Tausende Chakren, die durch Energiekanäle, die sogenannten Nadis, verbunden sind. Chakren sind also gewissermaßen die Knotenpunkte, ja Zentren des Energieflusses in deinem Körper.

Sie befinden sich der Annahme nach in einer steten Kreisbewegung, sodass die Energie ins Innere der Chakren gezogen wird. Angeordnet sind diese Hauptenergiezentren entlang der Wirbelsäule, bzw. darüber hinausgehend an der senkrechten Mittelachse des Körpers. Ein jedes schwingt in einer eigenen Farbe und hat einen Bezug zu spezifischen Orten und Funktionen im Körper. Während die weiter unten lokalisierten Chakren langsamer schwingen und zuvorderst den Grundbedürfnissen und Emotionen zugeordnet sind, entsprechen die weiter oben angesiedelten, schneller schwingenden Chakren den spirituellen Fähigkeiten des Menschen.

Es existieren und entwickelten sich im Laufe der Zeit verschiedene Modelle, eines der verbreitetsten ist jedoch unzweifelhaft das der sieben Hauptchakren. Einem jeden wird eine Farbe sowie eine Anzahl Blütenblätter der Lotusblume zugeordnet, die in Indien als Symbol der Treue, Reinheit, Schöpfkraft und Erleuchtung gilt. Angeordnet von oben nach unten ergibt sich damit folgendes Bild:

Sahasrara

Das Kronen- oder Scheitel-Chakra wird als violetter, tausendblättriger Lotus symbolisiert. Im Körper entspricht es dem Großhirn und führt bei einer Blockade zu Verunsicherung und Ziellosigkeit. In Balance ermöglicht es jedoch vollkommenes Verstehen, ist quasi das Tor zu einem höheren Selbst.

Ajna

Zwischen den Augenbrauen als gewissermaßen drittes Auge lokalisiert, ist das silberne, zweiblättrige Stirn-Chakra dem Kleinhirn und Gesicht zugeordnet. Im blockierten Zustand führt es zu übermäßiger Kopflastigkeit und Realitätsverlust, in Balance ist es die Verbindung zur inkarnierten Seele, zu Bewusstsein und Fantasie.

Vishudda

Das blaue, sechszehnblättrige Kehl-Chakra ist dem Hals und den Bronchien zugeordnet. Ist es blockiert, führt es zu

Verschlossenheit, Isolation und Schüchternheit. Können die Energieströme ungehindert fließen, ist es der seelische Ausdruck auf Erden und ermöglicht ein selbstbestimmtes Leben.

Anahata

Das in der Brust angenommene, grüne, zwölfblättrige Herz-Chakra hat seine physischen Anknüpfungspunkte bei dem Herzen, dem Blut und der Haut und kann sich im blockierten Zustand in Negativität, Zweifeln und Depressionen äußern. In Balance zeichnet sich die Verbindung zur höheren Liebe durch Frieden, Harmonie und Gelassenheit aus.

Manipura

Am Solarplexus lokalisiert, beeinflusst das gelbe, zehnblättrige Nabel-Chakra die Verdauung und inneren Organe, was im blockierten Zustand in Ruhelosigkeit, Rücksichtslosigkeit und Kontrollzwang resultieren kann. In Balance charakterisieren die Gedankenmuster und Glaubenssätze Frieden, Harmonie und Gelassenheit.

Svadhisthana

Das sechsblättrige, orange Sakral- oder Sexual-Chakra ist auf physischer Ebene verknüpft mit sämtlichen Körperflüssigkeiten, dem Beckenbereich und den Genitalien. Ist es blockiert, kann sich das in Wut, Aggression und Traurigkeit äußern. Bringt man es in Balance, kann man auf emotionaler und sexueller Ebene mehr Selbstwertgefühl und Lebensfreude entgegensehen.

Muladhara

Das tiefrote, vierblättrige Wurzelchakra hat seine körperliche Entsprechung in allen festen Bestandteilen wie Knochen und Zähne und darüber hinaus im Darm und Anus. Ist es außer Balance, kann es zu Existenzangst, Trägheit, Darmerkrankungen und Gewichtsproblemen führen. Frei fließende Energieströme können positive Wirkungen auf Vertrauen, Selbstbewusstsein, Verdauung und Lebensenergie zeigen.

Der Zustand der Chakren soll also der tantrischen Vorstellung zufolge auf die zugeordneten Organe ebenso wirken wie auf Psyche, Emotionen und Charakter. Störungen oder gar Blockaden können daher gleichermaßen Konsequenzen auf physischer wie psychischer Ebene zeigen. Angst bewirkt demnach eine Kontraktion der Chakren und behindert damit einen freien Energiefluss. Die Blockade der Chakren verstärkt wiederum die Ängste und das Gefühl der Isolation nur weiter. Letztendliches Ziel eines Lösen der Blockaden ist in tantrischer Hinsicht also eine Rückgewinnung der verlorengegangenen Einheit. Diese wird in der Erweckung der Kundalini erreicht.

Kundalini ist in der Sanskritsprache die Entsprechung für Schlangenkraft. Also ist sie die jedem Menschen zugrunde liegende potentielle Kraft, die - so die Vorstellung - wie eine Schlange zusammengerollt im untersten Chakra, dem Muladhara, ruht. Die sieben Haupt-

Chakren sind verbunden durch den Sushumna-Nadi, den mittleren Energiekanal, durch den die Kundalini aufsteigen kann. Dafür braucht es eine Erweckung und Aktivierung durch Yoga- oder eben tantrische Praktiken, wodurch sich die Schlangenkraft durch die sich transformierenden Hauptenergiezentren bis hoch zum obersten Chakra schlängeln, sich dort mit der kosmischen Seele verbinden und der Mensch dadurch Erleuchtung und höchstes Glück erlangen kann.

Damit du dir diesen Prozess besser vorstellen kannst, hat die indische Mythologie dafür eine schöne Metapher parat: Ausgehend von einem ursprünglich einheitlichen Bewusstsein wurden zwei Kräfte geboren, die durch den männlichen Gott Shiva als Symbol für das Bewusstsein des Absoluten, und seiner Gemahlin Shakti, der weiblichen Göttin und Symbol für die Energie der Schöpfung verkörpert wurden. Diese Trennung der Einheit in die beiden Urkräfte in der Schöpfung bewirkte eine Spaltung von Bewusstsein und Materie. Die Kundalini-Shakti liegt in dieser Vorstellung schlafend im Wurzel-Chakra, darauf wartend, sich eines Tages wieder mit ihrem Gemahlen Shiva zu vereinigen. Ein Prozess der Reinigung und energetischen Aktivierung durch tantrische Praktiken ist nötig, um die beiden Energieflüsse wieder zu vereinigen. Dann erst wird das Bewusstsein der Einheit aller Dinge wiedererlangt.

ANNE KLEIN

ABLAUF & TECHNIKEN: DIE ENTDECKUNG DES KÖRPERS VON KOPF BIS FUSS

Bei einer Tantra Massage geht es nicht sofort zur Sache. Und schon gar nicht geht es um den schnellen Kick. Eineinhalb Stunden sind das absolute Minimum, das du für den Akt der Massage an sich erwarten und einplanen kannst. Der Maxime der Ganzheitlichkeit und der Einheit von Körper und Geist verschrieben, erstrecken sich die Berührungen und Griffe von Kopf bis Fuß, keine Partie wird ausgespart oder bevorzugt behandelt. Außer, dies ist dein Wunsch. Von enormer Bedeutung für den Aufbau von Vertrauen, einer Auflösung des Druckgefühls und einer allmählich einsetzenden Entspannung ist das Vorgespräch. Gegenstand dessen sind nämlich deine Erwartungen, Beweggründe, Hoffnungen und Wünsche, etwaige Probleme und tabuisierte Zonen. Es passiert nichts gegen deinen Willen.

Der reinigende Prozess beginnt mit einer Dusche, danach kommst du in der Regel mit einem Morgenmantel bekleidet in den Massageraum. Zu Beginn des eigentlichen Rituals gilt es, erst einmal anzukommen, dich zu entspannen und auf die ungewohnte Situation einzulassen. Ruhige Musik, feine Duftnoten und Kerzenschein schaffen eine Atmosphäre des Wohlfühlens und unterstützen dich bei diesem Prozess auf angenehme Weise. Bei der Massage sind alle Beteiligten nackt. Das nimmt dir die Scham, baut Vertrauen auf und ermöglicht eine Begegnung auf Augenhöhe.

Die Tantra Massage kennzeichnet ein choreografischer Bewegungsablauf, der sie unabhängig von individuellen und egoistischen Motiven macht und Ausgleich, Entspannung und Harmonie für Körper, Geist und Seele verspricht. Die langsame und stimulierende Massagetechnik verwöhnt und stimuliert sie in ihrer Gänze. Die Hände sind dabei durch die Verwendung von wohlduftendem Massageöl angenehm warm und ziehen geschmeidig ihre Kreise. Die Massage ist ein Wechselspiel entspannender und energetisierender Berührungen, aus sinnlich zarten Strichen und Haltepositionen, wellenförmigen und zirkulären Streichungen, intensiven Knetbewegungen und zärtlich verspielten Streicheleinheiten unter Zuhilfenahme spezieller tantrischer Accessoires aus Seide, Fell, Perlen und Federn. Kombiniert mit Atem- und Bewegungsübungen werden alle deine Sinne angesprochen. Der Fokus liegt auf der Ruhe, auf das in dich Hineinspüren, der Blick richtet sich stets nur auf die nächste Berührung oder Bewegung.

Gleichwohl sind die Genitalien natürlicherweise ein wichtiger Bestandteil der Massage, über zwei Dutzend Massagestriche und Akupressurpunkte werden angewandt und angesprochen. Dabei haben das weibliche und männliche Geschlechtsorgan je eigene Bezeichnungen, nämlich Yoni und Lingam, und umfassen ein weiteres Verständnis als es beim üblichen Sexualakt oft vorliegt. Bei der Frau liegt der Fokus auf der Vagina, äußere und innere Schamlippen werden gleichermaßen mit einbezogen. Der Venushügel, der Anus, die Klitoris und der G-Punkt werden ausführlich massiert und stimuliert. Bei der Lingam Massage soll der Mann durch die abwechselnde Massage von Penis, Hoden, Prostata und Anus zu neuen Empfindungen gelangen. Die langsame, stimulierende Massagetechnik lässt die Lust stetig, aber wellenförmig ansteigen. Manchmal treten überwältigende Gefühle zutage, die von Trauer über Wut hin zu absoluter Glückseligkeit reichen können und in der Tantra Massage einen geeigneten und sicheren Rahmen finden, an die Oberfläche zu treten. Dieser Prozess kann eine befreiende, heilsame Wirkung für und auf dich haben und dein Lustempfinden noch einmal ins Unermessliche steigern. Der Orgasmus als Höhepunkt der Lust ist weder Ziel noch Pflicht. Wird er jedoch erreicht, wird er vielfach als extrem berauschend beschrieben. Nicht selten folgen gar mehrere aufeinander, einer intensiver als der andere.

Nach dem Ende der Massage im engeren Sinne hast du ein paar Minuten für dich allein. Das gibt dir die Möglichkeit, das Erlebte zu reflektieren, noch einmal in dich hineinzuspüren und wieder zur Ruhe zu kommen. Dir steht die Möglichkeit einer erneuten Dusche offen, um dich vom Öl zu befreien. Den Abschluss bildet ein weiteres Gespräch, in dem du von deinen Empfindungen berichtest und diese mit deinen Erwartungen vergleichst.

DIE SINNLICHKEIT EINER TANTRA MASSAGE ERLEBEN, PROFESSIONELLE ANBIETER: SERIOSITÄT ERKENNEN & VERTRAUEN GEWINNEN

Willst du die Sinnlichkeit einer Tantra Massage erleben und am eigenen Leib erfahren, dann sei dir ein professionelles, zertifiziertes Studio anzuraten. Dazu ist keinerlei Vorerfahrung notwendig, es braucht nur ein gewisses Maß an Offenheit, Neugier und die Bereitschaft, Sinnlichkeit zu empfangen, ohne sie aktiv zu erwidern. Es geht darum, dich nicht von falscher Scheu blockieren und abhalten zu lassen, sondern dich ohne Erwartungen an dich selbst oder andere einfach darauf einzulassen.

Viele zertifizierte Therapeuten kommen aus dem Bereich der Gesundheit im weiteren Sinne, sind Heilpraktiker, Sexualtherapeuten oder Gesundheitsberater. In einer ein- bis zweijährigen Ausbildung wird ihnen anatomisches und psychologisches Wissen vermittelt und sie erlernen, mit den spezifischen Berührungstechniken der tantrischen Rituale Hingabe und Verehrung für den Menschen als Ganzes und seinen Körper zu entwickeln.

Eine gute Massage lässt sich an verschiedenen Merkmalen erkennen. Ein ganz wesentlicher Faktor ist die Zeit, die für die reine Massage angesetzt, wie auch sich für den Menschen genommen, wird. Für Ersteres ist ein Minimum von eineinhalb Stunden vonnöten, zusammen mit dem Vor- und Nachgespräch gelten zweieinhalb bis drei Stunden realistisch. Ein hilfreicher Indikator ist auch stets der Internetauftritt des Anbieters. Werden dort Masseure in knapper Bekleidung und mit seltsam anmutenden Namen gezeigt oder Zusatzleistungen wie Toy-Massage, gemeinsames Duschen, Dominaspiele oder gar Sex versprochen oder auch nur in Aussicht gestellt, heißt es: Finger weg davon! Bei aller Vielfalt und Variation der Rituale liegt der kleinste gemeinsame Nenner darin, dass die Tantra Massage keine gegenseitigen Berührungen beinhaltet und es nicht zum Sexualakt kommt. Der Massierte ist passiver Empfänger, der Masseur oder die Masseurin führt die Griffe mitfühlend, aber ohne körperliche Erregung beziehungsweise sexuelle Absicht aus.

Seit dem Ende der 1990er Jahren hat sich in Deutschland eine gut vernetzte Tantra Szene entwickelt. Diese bildet den Kern der Praxis, sichert das Fortbestehen und die Weiterentwicklung der Tantra Massage. Leider gibt es hier, wie in beinahe allen Branchen, auch schwarze

Schafe, die unter dem Deckmantel Tantra sexuelle Dienstleistungen anbieten, die mit dem ursprünglichen Ansinnen des Tantrismus nichts mehr gemein haben. Privatpersonen, Saunaclubs oder andere Etablissements meinen, auch mitmischen zu müssen, bei zugleich fragwürdiger Qualifikation. Wer Wert auf Fachkenntnis, Diskretion, Seriosität und Qualität legt, orientiert sich an den Empfehlungen des Tantra Massagen Verbands (TMV). Zu diesem gehören derzeit 15 Anbieter aus Deutschland und drei aus der Schweiz. Weiterhin listet er fünf offizielle, beziehungsweise anerkannte, Zentren für die zertifizierte Ausbildung zum Tantra Massagen Therapeut. Im deutschen und schweizerischen Raum dürfen sich insgesamt rund 40 Masseure mit dem TMV-Zertifikat schmücken. Das Fehlen staatlicher Regulierungen macht es nötig, zur Qualitätssicherung und Vorbeugung von Betrug der Zertifizierung des TMVs zu vertrauen. Es bedarf einen fundierten Ausbildung, um mit den oftmals psychisch intensiven oder gar belastenden Gefühlen richtig umgehen zu können, die sich im Laufe einer solchen Tantra Massage offenbaren können. Preislich liegen diese seriösen Anbieter bei circa 160 bis 180 Euro für eineinhalb Stunden pure Massage, 210 bis 230 Euro bei zwei Stunden und 260 bis 280 Euro für zweieinhalb Stunden. Diese Preise sind nur ein grober Richtwert und können je nach Region, Fokus und Anbieter variieren. Als Orientierungsrahmen taugen sie allemal.

ANWENDUNG DAHEIM: TECHNIKEN SELBST ODER IN TANTRA SEMINAREN ERLERNEN

Ist die Scheu, dich von einer per se fremden Person in einer nicht vertrauten Umgebung an den intimsten Stellen berühren zu lassen, die Offenbarung von Gefühlen und Erregung gegenüber einem Unbekannten mit unüberwindbaren Unwohlsein verknüpft oder die Kosten für ein im wahrsten Sinne des Wortes einmaliges Erlebnis zu hoch, muss die Erfahrung einer Tantra Massage für dich dennoch kein utopischer Traum bleiben. Gleichwohl man in professionellen Händen eine garantiert originäre Behandlung erfährt, existieren auch Möglichkeiten, die Grundtechniken der Tantra Massage selbst zu erlernen und am Partner umzusetzen.

Eine Option ist die ausgiebige Lektüre von Büchern über die Tantra Massage, die du im gut sortierten stationären Buchhandel oder online findest. Preislich liegen wir da bei zwischen zehn und 25 Euro, Rezensionen und Bewertungen werden dir bei der Eingrenzung und Auswahl helfen. Bei einigen Büchern sind auch DVDs mit inbegriffen, die den Ablauf und die Techniken der Tantra Massage noch einmal besser vor Augen führen. Doch auch online wird man bei entsprechender Suche fündig und erhält Erklärungen in Wort und (Bewegt-) Bild. All das taugt allemal, um dich spielerisch auszuprobieren und erste sinnliche Erfahrungen zu sammeln. Es gibt schließlich keine gefährlichen Nebenwirkungen, du kannst nichts falsch machen. Wem das nicht genügt oder wer dadurch erst recht auf den Geschmack gekommen ist, kann sich ja immer noch für eine professionelle Tantra Massage entscheiden.

Eine andere Möglichkeit, dich der Tantra Massage etwas fachkundiger zu nähern, stellen Tantra Seminare dar. Diese zielen zwar zumeist auf das Gruppenerlebnis ab, es gibt jedoch auch durchaus Angebote für geschlechtsgleiche Gruppen, Einzelpersonen oder mit dem Partner. Solche Seminare können sich über ganz verschiedene Zeiträume erstrecken und von einem oder mehreren Wochenenden über mehrtägige, mit Urlaub in einem Wellnesshotel verbundene, Workshops hin bis zu Jahrestrainings mit wöchentlichen Treffen reichen. Dabei wird viel mit Begegnungsübungen und Meditation gearbeitet, werden Atem- und Partnerübungen praktiziert und wird die sexuelle Vereinigung thematisiert. Auch hier ist wieder auf Seriosität und Qualität zu achten. Der preisliche Rahmen bewegt sich für Grundkurse von wenigen Tagen Dauer zwischen 240 und 350 Euro für Einzelpersonen, für Jahrestraining können auch schon mal 1.700 bis 1.800 Euro fällig werden. Dafür bekommt man unter professioneller Anleitung eine Einführung in die sinnliche Praxis der Tantra Massage.

Dieses Buch kann eine solch praxisnahe Erfahrung nicht ersetzen. Und dennoch kann es zu ersten zaghaften Versuchen in den eigenen vier Wänden inspirieren und animieren. Ein ganz entscheidender Faktor sind die Rahmenbedingungen: Bei gedimmtem Licht, duftendem Kerzenschein und leiser, entspannender Musik kommen du und dein Partner in Stimmung und eine ruhige Haltung, die Voraussetzung für das wirkliche Empfangen und Erleben der Tantra Massage sind. So verführerisch es sein mag, gegenseitige Berührungen sind erst einmal Tabu. Ein Part gibt sich dem anderen vollkommen hin. Von Kopf bis Fuß wird der Empfänger der Massage mit warmem Öl eingerieben. Es empfiehlt sich naturbelassenes Öl, beispielsweise aus Sonnenblumenkernen, gerne mit Vitamin C, Arnika und Calendula. Beginnt bei den Füßen und arbeitet euch nach oben. Achtet auf Zärtlichkeit in den Berührungen in Abwechslung mit intensiveren, druckvolleren Abschnitten. Streicheln, kreisen, drücken: Alles ist erlaubt, ja gewünscht, um alle Sinne anzusprechen. Seid euch stets bewusst: Es geht nicht um die reine Befriedigung von sexuellen Bedürfnissen, sondern um die achtsame Wahrnehmung eures Selbst, eurer Empfindungen, eures Geistes. Die sogenannte Herz-Umarmung YabYum stellt eine tantrische Atem- und Energieübung dar. Dabei setzt sich ein Part mit geöffneten Beinen vor den anderen, der andere schlingt seine Beine um dessen Oberkörper und lehnt sich soweit vor, dass sich die Brustkörbe berühren und sich die beiden Herzschläge spüren lassen. Achtet gegenseitig auf eure Atmung und schaut euch dabei tief in die Augen. Die Übung zielt nicht auf die sexuelle Vereinigung ab, soll aber die sexuellen Energien in den Fluss bringen.

Obgleich der Körper bei der Tantra Massage quasi eine einzige, große erogene Zone ist, kommt ihr irgendwann zu dem Moment, an dem die Genitalien Gegenstand der Aufmerksamkeit und Massage werden. Natürlich gibt es standardisierte Griffe und spezielle Druckpunkte, aber solange ihr dem anderen keine Schmerzen zufügt, könnt ihr nichts falsch machen. Bringt den Empfänger der Massage in eine bequeme Position: jeweils ein Kissen unter dem Kopf und unter der Hüfte, Rückenlage; die Beine gespreizt; die Knie angewinkelt. Nutzt ausreichend Öl, um die empfindsamen Stellen nicht zu reizen. Beginnt bei der Lingam Massage das Schambein, den Damm und die Hoden des Mannes sanft und ausgiebig zu massieren. Gleitet von der Basis ausgehend den Penis nach oben und dann wieder herunter. Umgreift die Eichel mit der Hand und schließt die Finger darum, vollzieht immer wieder leichte Drehbewegungen. Auch der Mann hat einen G-Punkt, er liegt in Erbsengröße auf dem Weg zwischen Hoden und After. Drückt ihn sanft, selbst wenn es anfangs etwas unangenehm erscheinen mag. Es kontrolliert den Orgasmus. Steht er kurz vor dem Höhepunkt, nehmt die Geschwindigkeit und Intensität raus. Zögert ihn solange wie nur möglich heraus und seid auch nicht enttäuscht, wenn er ausbleibt. Der Penis muss auch nicht während des gesamten Zeitraums der Massage im erigierten Zustand sein. Das tut der Lust und dem Genuss keinen Abbruch.

Bei der Yoni Massage arbeitet ihr euch von außen nach innen. Klemmt erst die großen, später die kleinen Schamlippen sanft zwischen den Fingern ein und fahrt die Hand leicht druckvoll immer wieder auf und ab. Zieht um die Klitoris Kreise im und gegen den Uhrzeigersinn, drückt sie sanft zwischen Daumen und Zeigefinger. Dann führt den Mittelfinger der rechten Hand in die Vagina ein, die Handfläche zeigt nach oben. Die rechte Hand ist nach der Lehre der Chakras positiv geladen, die Geschlechtsteile negativ. So kommt es zu keiner Abstoßung. Währung also der Mittelfinger eine Art „Komm-her-Geste“ im Körper der Frau vollführt und der Daumen die Klitoris sanft massiert, kann die linke Hand die Brust, den Bauch oder die Vagina kneten. Kommt es zum absoluten Höhepunkt der Lust, lasst die Frau atmen, um dann nach Wunsch fortzufahren und gegebenenfalls Wellen stetig intensiver werdender Orgasmen auszulösen. Zum Abschluss genießt der Empfänger der Massage fünf bis zehn Minuten Pause, um wieder zur Ruhe zu kommen.

Tantra Massage: eine garantiert sinnliche Erfahrung

Eine Tantra Massage ist so viel anders und so viel mehr, als man als Unwissender denkt. Nicht wahr? Dass dahinter eine Jahrtausende alte Tradition steckt, die im Zeitverlauf so viele Einflüsse, Wendungen, Wirkungen und Weiterentwicklungen erfahren hat, das sieht man ihr auf den ersten Blick nicht an. Und daran sind die weitverbreiteten Vorurteile und wild kursierenden Gerüchte nicht ganz unschuldig. Nur die oberflächliche Betrachtung lässt die Tantra Massage als esoterisch angehauchte, primär sexualgesteuerte Praktik erscheinen. Die eine Ebene tiefer liegenden Vorstellungen,

Absichten und Zwecke erschließen sich erst bei näherer Beschäftigung mit dem Tantrismus als Konzept auf theoretischer Ebene und schlussendlich erst wirklich, wenn die Praxis gelebt wird.

Tantra hat seinen dubiosen Ruf nicht verdient, nur weil unseriöse Anbieter damit entgegen der tantrischen Tradition egozentrische Motive verfolgen und sexuelle Gefälligkeiten und Dienstleistungen unter dem Mantel der Tantra Massage verkaufen. Die vielen positiven Beispiele verdienen viel mehr Beachtung, bilden diese doch den eigentlichen Kern, sichern ihr Fortbestehen, ihre Weiterentwicklung und ihre weitere Tradierung. Sie gilt es zu fördern und unterstützen, damit diese einzigartige Praxis erhalten bleibt und noch viele Menschen zu ihrem wahren Selbst führt. Die Arbeit, die eine Tantra Massage im und am Menschen verrichtet, ist mit wenig Anderem vergleichbar. Ob man nun dem System feinstofflicher Energieflüsse und -zentren Glauben schenken mag oder nicht, sie setzt im Körper und letztendlich auch im Geist bis dato ungekannte Energien und Emotionen frei und ist damit eine wertvolle und unvergleichliche Weise, zu einem neuen Bild seiner Selbst zu gelangen.

Das alles klingt in der Theorie schön, vielleicht auch kompliziert, ja fast zu unglaublich. Deshalb geht wie so oft im Leben nichts ohne die Praxis. In welcher Form auch immer ist es deshalb nur anzuraten, eher früher als später die sinnliche Erfahrung einer Tantra Massage zu erleben.

Sie wird einiges verändern, nicht nur auf der Ebene der Vorurteile. Du wirst sehen. Genieß es!

1. Auflage

Kontakt: Marco Senoner, Friedrich Pacher Gasse 2,
9900 Lienz, Österreich

Covergestaltung: Jana Schuhmann
Coverfoto: depositphotos.com

Printed in Poland
by Amazon Fulfillment
Poland Sp. z o.o., Wrocław

85060137R00028